# UNE QUESTION

RELATIVE A

## L'état actuel de la Législation

## EN MATIÈRE D'ASSOCIATIONS

*Abrogation des articles 291 et 292 du Code Pénal et des articles 1, 2 et 3 de la Loi du 10 Avril 1834 par l'article 12 de la Loi du 30 Juin 1881*

PAR

**Maurice TÉZENAS**
AVOCAT A LA COUR D'APPEL

**Th. LÉTHEL**
AVOCAT A LA COUR D'APPEL

PARIS
TYPOGRAPHIE A. DAVY
RUE MADAME, 52

1899

# UNE QUESTION



## L'état actuel de la Législation

## EN MATIÈRE D'ASSOCIATIONS

*Abrogation des articles 291 et 292 du Code Pénal et des articles 1, 2 et 3 de la Loi du 10 Avril 1834 par l'article 12 de la Loi du 30 Juin 1881*

PAR

**Maurice TÉZENAS**
AVOCAT A LA COUR D'APPEL

**Th. LÉTHEL**
AVOCAT A LA COUR D'APPEL

PARIS

TYPOGRAPHIE A. DAVY

RUE MADAME, 52

1899

Lorsqu'en 1889 vint devant la juridiction correctionnelle l'affaire
dite de la Ligue des Patriotes, notre attention fut particulièrement
appelée au point de vue juridique sur une question intéressante et
qui nous parut nouvelle. Il ne s'agissait de rien moins en effet que
de savoir si les art. 291 et 292 du Code pénal, 1, 2 et 3 de la loi du
10 avril 1834 sur les associations n'étaient pas expressément abrogés.

La question fut soumise par nous au Tribunal dans la plaidoirie
prononcée en faveur de M. Turquet, pour lequel furent déposées les
conclusions suivantes :

« Sur le premier chef (association illicite) ;

« Attendu que les art. 291 et 292 du Code pénal, 1 et 2 de la loi
du 10 avril 1834 ont été abrogés par le décret du 28 juillet 1848 ;

« Attendu que les articles susénoncés ont été remis en vigueur
par le décret du 25 mars 1852 ;

« Mais attendu que le décret du 25 mars 1852, qui remet en vigueur les art. 291 et 292 du Code pénal. 1 et 2 de la loi du 10 avril
1834, a été abrogé par la loi du 30 juin 1881, art. 12 ;

« Attendu en conséquence que les art. 291 et 292 du Code pénal
1 et 2 de la loi du 10 avril 1834 sont et demeurent abrogés; »

Ce système, développé dans une plaidoirie qui se trouve résumée
à grands traits dans le journal *Le Droit* du vendredi 5 avril 1889 fut
repoussé par un jugement du 6 avril 1889, ainsi motivé :

« Attendu que la loi de 1881 sur les réunions publiques *est spéciale au droit de réunion* et n'a pas réglementé le droit d'association, ainsi qu'il appert de son texte et de la séparation expresse de
ces deux matières résultant de l'exposé des motifs et du rapport de
la Commission législative » ;

En conséquence, le Tribunal prononçait contre les membres de la
Ligue des Patriotes, inculpés du délit d'association illicite, une condamnation à l'amende.

Le caractère bénin de cette pénalité détermina les intéressés à ne
pas relever appel de ce jugement. La question depuis lors ne s'est
plus posée, mais des événements récents semblent lui avoir donné
un regain d'actualité et nous ont décidé à réunir dans cette modeste
brochure le résultat de nos recherches sur ce point.

# UNE QUESTION

## Relative à l'état actuel de la Législation

### EN MATIÈRE D'ASSOCIATIONS

*Abrogation des articles 291 et 292 du Code Pénal et des articles 1, 2 et 3 de la Loi du 10 Avril 1834 par l'article 12 de la Loi du 30 Juin 1881.*

---

*Quel est l'état actuel de notre législation en matière d'associations? Les articles 291 et 292 du Code pénal, 1, 2 et 3 de la loi du 10 avril 1834, constituent-ils; à l'heure actuelle, le droit commun en la matière?* Cette question doit pour nous être résolue négativement, depuis la loi du 30 juin 1881 sur la liberté de réunion, par application de l'article 12 de cette loi.

Les lois destinées à règlementer les associations ont subi depuis le commencement du siècle des modifications nombreuses. Pour ne remonter qu'à la promulgation du Code pénal, cette matière n'a pas été l'objet de moins de cinq règlementations différentes.

Le premier de ces systèmes est celui du Code pénal de 1810 en ses articles 291 et 292.

L'article 291 règle l'exercice du droit d'association.

Toute association dont le nombre des membres est inférieur à vingt personnes est absolument libre dans sa formation comme dans son fonctionnement.

Au-dessus de vingt personnes, aucune association ne peut se former sans l' « agrément » du gouvernement, et cet agrément peut être subordonné à toutes conditions qu'il plaira à celui-ci d'imposer à l'association.

L'article 292 édicte la sanction de ces prescriptions. Cette sanction est double :

1° Une sanction purement administrative : c'est la dissolution par le gouvernement de l'association contrevenante.

2° Une sanction pénale, édictée contre les *chefs, directeurs ou administrateurs* de l'association dissoute : c'est une amende de 16 à 200 francs.

En résumé, le système du Code pénal, inspiré par Napoléon I<sup>er</sup>, comporte un double caractère :

Arbitraire absolu en ce qui concerne l'exercice du droit d'association : l'agrément de l'administration en est la condition *sine quâ non*, et le droit de dissolution du gouvernement est sans limites ni contrôle.

Douceur relative de la sanction pénale : c'est une simple amende, d'ailleurs légère, prononcée non pas contre les simples membres, mais contre les seuls chefs de l'association dissoute (1).

Cette législation a suffi au régime autoritaire du premier empire, aux royalistes de la « Chambre introuvable » et aux ministres de Charles X. Il était réservé aux parlementaires libéraux de 1830 de le trouver insuffisant, et de procéder, au lendemain de leur triomphe, à l'aggravation des lois pénales existantes contre les associations.

C'est par eux que fut élaboré le second système ; ce fut l'œuvre de la loi du 10 avril 1834, votée par une majorité

_______

(1) Il n'est pas inutile d'observer ici en passant (et l'importance de cette remarque apparaîtra par la suite de la discussion) que la section VII du Livre III, titre I du Code pénal, qui contient les articles 291 à 294 est intitulée : « Des associations ou réunions illicites ». Or, dans la terminologie du Code pénal, le mot *réunion* est synonyme d'*association* et n'a pas le sens technique que nous lui donnons aujourd'hui. Cela résulte clairement de la discussion au Conseil d'Etat (séance du 5 novembre 1808) où il fut expliqué formellement que l'article 291 ne visait pas les *réunions fortuites*, mais qu'il s'agissait là *d'associations formées d'avance* et de *réunions périodiques convenues*.

parlementaire inquiète des progrès croissants de ses adversaires, que servaient de puissantes associations politiques et électorales.

La loi du 10 avril 1834 complétait et aggravait les prescriptions des articles 291 et 292 du Code de 1810.

L'article 291 avait interdit les associations non autorisées de plus de vingt personnes qui se réuniraient à des jours marqués ; mais la loi avait été tournée, et de puissantes associations s'étaient formées en groupant des sections composées d'un nombre de membres inférieur à vingt personnes et en se réunissant d'une façon irrégulière, ce qui leur permettait d'échapper à toute répression.

L'art. 1 de la loi du 10 avril 1834 obviait à cette fraude, en interdisant toute association ainsi fractionnée, si le nombre total des membres des sections dépassait vingt, et alors même qu'elle ne se réunirait pas à des jours marqués.

Au point de vue pénal, l'article 292 n'avait édicté qu'une simple amende, et ce contre les seuls chefs de l'association. L'article 2 de la loi nouvelle édictait une pénalité afflictive de deux mois à un an d'emprisonnement contre tous les membres de l'association sans distinction. Cette pénalité pouvait être portée au double en cas de récidive et la surveillance de la haute police prononcée.

L'art. 3 punissait comme complices ceux qui prêtaient ou louaient leur maison à une association non autorisée.

L'art. 4 réglait la compétence des diverses juridictions en la matière.

La loi fut votée après d'orageux débats et resta en vigueur pendant toute la durée de la monarchie de juillet, malgré les vives attaques de l'opposition et notamment des républicains.

Aussi l'un des premiers soins de ce parti lorsqu'il arriva au pouvoir en 1848 fut-il de remplacer les textes de 1810 et de 1834 par une législation plus libérale.

L'Assemblée nationale de 1848 élabora le troisième sys-

tème mis en vigueur depuis la fin de la Révolution fran-
çaise ; ce fut l'objet du décret du 28 juillet 1848.

Cette loi s'occupait particulièrement des clubs, qui ve-
naient de surgir en grand nombre, à l'imitation des mœurs
politiques de la première Révolution, d'où le nom de
« décret sur les clubs » qui lui fut donné.

Mais le législateur de 1848, malgré le titre restrictif
donné par lui-même à son œuvre, n'en a pas moins élaboré
une loi complète sur l'exercice du droit d'association, une
véritable loi organique en la matière.

En effet, la loi de 1848 réglemente les associations de
tout genre, politiques ou non politiques, publiques ou privées.

La première partie de la loi (articles 1 à 13) est relative
aux associations politiques publiques, dont les réunions
étaient ouvertes à tout venant, et qu'on appelait du nom
de *clubs*.

L'article 15 réglemente les associations politiques qui
n'ont pas le caractère de publicité des clubs.

L'article 14 réglemente les associations qui n'ont pas la
politique pour objet.

L'article 13 proscrit les sociétés secrètes.

Les articles 16, 17 et 18 sont relatifs à la procédure.


Et il ne faut pas se laisser arrêter ici par le mot « réunion », fréquemment employé dans le cours de. la loi dans
un sens large et compréhensif que ce mot n'a plus aujour-
d'hui. *Réunion*, dans la terminologie de la loi de 1848
comme dans celle du Code pénal, n'est qu'un synonyme du
mot *association*, Le rapport préalable du représentant Coquerel, la discussion, le texte même de la loi, les applications qui en furent faites, tant par les pouvoirs publics que
par les tribunaux, ne laissent aucun doute sur ce point.

Il y a mieux : les réunions, telles qu'on les comprend
aujourd'hui, étaient exclues des prévisions de la loi. Cela
résulte d'une explication dernière, donnée par le Ministre

de l'Intérieur après le vote de tous les articles et avant le passage au vote sur l'ensemble du projet, en réponse à une interpellation du représentant Xavier Durrieu; nous citons *le Moniteur* même :

LE CITOYEN MINISTRE DE L'INTÉRIEUR : « Le décret qui nous « occupe... ne s'occupe que des *réunions* publiques que « des citoyens pourraient *fonder*, ce qui suppose évidem- « ment ou la permanence ou une périodicité quelconque et « exclut les réunions *accidentelles*. »

En fait la jurisprudence a suivi de 1848 à 1852 la distinc- tion posée par le ministre de l'Intérieur, appliquant aux associations le décret du 28 juillet 1848, aux réunions accidentelles ou fortuites, en un mot aux *réunions* telles que nous les entendons aujourd'hui, un système puisé dans les lois du 24 août 1790, titre 2, article 3, du 19 juin 1849 et du 5 juin 1850. La Cour de Cassation a statué à deux re- prises en ce sens par deux arrêts du 18 juin 1851 et du 13 septembre de la même année. (D. 51 . 5. 471 472) (1).

La loi de 1848, comme les textes antérieurs du Code pénal et de la loi de 1834 a un double objet :

D'une part elle règle le mode d'exercice du droit d'asso- ciation; elle met à la formation et au fonctionnement des associations certaines conditions légales, et à ce titre elle relève du droit administratif.

D'autre part, elle édicte un certain nombre de sanctions pénales de ses prescriptions, et à ce titre elle relève du droit pénal.

Enfin aux règles de procédure et de compétence édictées par l'article 4 de la loi de 1834, le décret de 1848 en subs- titue d'autres.

Les articles 291 et 292 du Code Pénal, complétés par la loi du 10 avril 1834, se trouvent donc remplacés tant dans leur objet que dans leurs prescriptions, de quelque nature qu'elles soient, par une législation entièrement nouvelle.

(1) Voir au surplus Appendice II *in fine*

L'article 291 portait que toute association de plus de vingt membres ne pouvait se former sans l'agrémeut du gouvernement.

La nouvelle loi exige seulement :

En ce qui concerne les associations politiques publiques (clubs) une déclaration préalable ;

En ce qui concerne les associations politiques privées, la permission de l'autorité municipale ;

En ce qui concerne les associations non politiques une simple déclaration préalable.

L'article 291 du Code Pénal se trouve donc n'avoir plus d'objet.

L'article 292 édictait une double sanction :

1° Une sanction administrative : la dissolution par le gouvernement de l'association non autorisée.

2° Une sanction pénale, complétée et aggravée par les articles 1, 2 et 3 de la loi du 10 avril 1834, sanction qui frappait depuis 1834 tout membre de l'association illicite.

Le droit de dissolution par le gouvernement disparaît, remplacé par des mesures nouvelles :

En ce qui concerne les clubs, l'article 11 du décret décide que « le tribunal, en prononçant les peines édictées par les trois articles qui précèdent (1), pourra en outre, selon les circonstances, ordonner la fermeture des clubs. »

Dans certains cas, limitativement déterminés, cette fermeture peut être ordonnée par simple décision prise en Chambre du Conseil.

Les associations politiques non publiques peuvent être dissoutes par l'administration (municipale). Art. 15.

Les associations non politiques peuvent être également dissoutes par l'autorité municipale, mais seulement dans le cas où elles n'auraient pas observé les conditions imposées par la loi à leur formation.

---

(1) Article 8, 9 et 10 de la loi lesquels punissent les infractions à la réglementation des clubs par la nouvelle loi.

Les sociétés secrètes sont interdites purement et simplement.

Aux sanctions pénales de la loi de 1834 en sont substituées de nouvelles par les articles 8, 9, 10 et 12 du décret en ce qui concerne les clubs, art. 13 pour les sociétés secrètes, 14 pour les associations non politiques, 15 pour les associations politiques autres que les clubs.

Enfin la loi de 1834 en son article 4 réglementait la compétence des tribunaux relativement aux délits commis en matière d'associations. A ces règles les articles 16, 17 et 18 du décret en substituent de nouvelles.

Le décret du 18 juillet 1848 a donc réglementé de la façon la plus complète, la plus détaillée, la matière ds associations. La législation antérieure se trouve ainsi pratiquement remplacée dans ses dispositions de toute nature par une réglementation nouvelle.

Nous avons là une des applications les plus saisissantes de la théorie de l'abrogation tacite universellement professée par la doctrine et mise en pratique par la jurisprudence.

Les lois émanent de la volonté du législateur; leur abrogation procède de la même source. Mais cette volonté peut s'exprimer de façons différentes, expressément ou tacitement, et si un texte de loi ne peut naître que de la volonté formellement exprimée de son auteur, il n'en est pas de même de son abrogation, qui peut résulter de la volonté même tacite du législateur. Il suffit pour cela, et c'est le cas le plus fréquent, que le législateur, légiférant sur la même matière, ait édicté des dispositions nouvelles manifestement contraires aux dispositions anciennes qu'il a voulu abroger.

La seule différence qui s'élève en pratique entre ces deux modes d'abrogation est la suivante : au cas d'abrogation tacite, il peut s'élever parfois des doutes sur l'intention du législateur, par cela même que cette intention n'est pas exprimée formellement. La jurisprudence, avec raison, n'admet pas facilement les cas d'abrogation tacite de textes anciens et exige que la volonté latente du législateur se dégage clairement du texte nouveau.

C'est ainsi qu'on décide qu'il y a abrogation virtuelle d'un texte ancien par un texte nouveau lorsque les deux textes sont manifestement inconciliables dans l'application.

Il y a mieux : une loi ou un texte ancien sont considérés comme abrogés par la loi nouvelle lorsque cette loi nouvelle contient sur une matière juridique qui faisait également l'objet du texte ancien, un système complet de législation. Le texte ancien pourrait en pareil cas contenir des dispositions dont l'application serait parfaitement conciliable avec l'application littérale de la loi nouvelle; ces dispositions n'en sont pas moins abrogées.

Ces principes ont été spécialement formulés dans un avis du Conseil d'Etat, du 8 février 1812, en ce qui concerne les rapports du Code Pénal de 1810 avec les lois pénales antérieures (1). La question, dans l'espèce, avait été portée devant le Conseil d'Etat sur un référé ordonné par la Cour de Cassation aux termes de l'art. 3 de la loi du 16 septembre 1807.

La Cour de Cassation elle-même a fait des applications nombreuses de la même théorie, notamment dans des arrêts du 9 janvier 1818, du 5 février 1829. du 20 janvier 1841 (aff. Durthé).

La Cour Suprême a été plus loin : elle a considéré comme abrogés certains textes anciens, par la seule considération qu'ils n'étaient plus conciliables avec *les règles générales* ou avec l'esprit de la législation moderne (Cass.,16 décembre 1841 ; 4 avril 1846 ; 3 octobre 1857 ; 21 juillet 1860).

_______

(1) Il résulte de l'avis en question d'une part que le Code Pénal n'a pas abrogé les lois et règlements anciens relatifs aux matières sur lesquelles il ne contient que des dispositions éparses et détachées, mais, d'autre part, qu'il les a abrogés, s'il renferme sur les matières qu'ils régissent un en semble complet de législation et qu'il les a abrogées dans ce cas non seulement pour les faits qu'il a prévus, *mais même pour ceux qu'il n'a pas reproduits*.

Tacite ou expresse, l'abrogation produit d'ailleurs les mêmes effets; le texte abrogé disparaît définitivement; un acte de la volonté du législateur l'a détruit. Il ne peut renaître désormais qu'en vertu d'une disposition nouvelle *expresse*.

Par application de ces principes, la législation de 1810 et de 1834 en matière d'associations doit être considérée comme abrogée tacitement par le décret du 26 juillet 1848.

Il y a abrogation d'abord parce que la législation du premier Empire, et à plus forte raison celle de 1834, sont manifestement contraires à l'esprit du législateur de 1848. Nous ne pouvons sur ce point que renvoyer au texte et à la discussion du décret.

Il y a abrogation en outre à un double point de vue :

D'une part, parce que le décret du 28 juillet 1848 contient sur la matière des associations un ensemble complet de législation.

D'autre part, parce que l'application du décret de 1848 est absolument inconciliable avec l'application des articles de 1810 et de la loi de 1834.

Que le décret contienne sur la matière un système complet et se suffisant à lui-même, c'est ce que démontre suffisamment l'analyse que nous en avons faite ci-dessus; il n'y a pas un genre d'associations qui ne soit prévu et réglementé par la loi nouvelle.

Qu'il y ait incompatibilité formelle entre le décret et la législation antérieure, c'est ce que démontre irréfutablement aussi la même analyse du décret : toutes les associations, quelles qu'elles soient, étant réglementées à nouveau, des sanctions et des règles de procédure nouvelles édictées, la réglementation ancienne par là même se trouve à n'avoir plus d'objet.

Mais il n'est pas inutile de revenir d'une façon détaillée sur ce dernier point de vue, afin de faire toucher du doigt non seulement l'impossibilité matérielle qui s'opposait à l'application concomitante du décret de 1848 avec les textes antérieurs ou même une partie seulement de ces textes, mais aussi l'intention bien claire et nette du législateur, intention ne comportant aucune équivoque, d'abroger les textes précédents et de les remplacer dans leur intégralité par la loi même qu'il élaborait.

Cette preuve résulte en premier lieu de l'art. 1er du décret, ainsi conçu : Art. 1er. « *Les citoyens ont le droit de se réunir en se conformant aux dispositions suivantes.* » Traduisez : « *Les citoyens ont le droit de s'associer en se conformant aux dispositions suivantes.* » Il ne faut jamais perdre de vue, en effet, en interprétant cette loi, que ses auteurs n'ont pas visé la réunion publique telle que nous l'entendons aujourd'hui, ce que les rédacteurs du Code Pénal appellent « réunion fortuite » et le ministre de l'Intérieur de 1848, « réunion accidentelle », mais bien l'association. Lors donc que l'auteur d'une loi destinée à réglementer le droit d'association à l'exclusion du droit de réunion au sens strict du mot s'exprime comme suit : « Les citoyens ont le droit de se réunir en se conformant aux dispositions suivantes », c'est bien l'exercice du droit d'association qu'il réglemente spécialement par ces expressions et non l'exercice du droit de simple réunion. L'art. 1er du décret reste donc fidèle à la terminologie du Code Pénal, que nous retrouverons employée dans toute la discussion et dans le texte définitif de la loi, malgré la protestation énergique de Jules Favre, qui déclarait que pour lui c'était employer abusivement le terme *réunion* que de l'appliquer à une *association*.

L'article 1er, ainsi interprété, est le fondement même de la loi : il proclame le principe du droit d'association : « les citoyens ont le droit de se réunir... » Maintenant l'exercice de ce droit sera-t-il réglementé ? Oui. Par quels textes ? Par les articles 291 et 292 du Code Pénal ? Non, mais bien par les articles 2 et suivants du décret de 1848 : « Les citoyens ont le droit de se réunir... » dit l'article 1er,

« en se conformant aux dispositions *suivantes* : » Les dispositions « suivantes », ce sont les articles 2 à 19 du décret de 1848.

L'article 1<sup>er</sup> du décret suffirait donc par sa rédaction à écarter l'application des articles 291, 292, C. pén. et de la loi de 1834, alors même que les articles 2 à 19 du décret n'édicteraient pas une réglementation complète du droit d'association. Mais cette réglementation complète, elle se trouve formulée par les articles 2 à 19 en question. Par conséquent, alors même qu'en pratique, au mépris de l'article premier du décret, on voudrait imposer à une association la réglementation des articles 291 et suivants du Code Pénal ou de la loi de 1834, cette tentative dans quelque espèce que ce fût, se heurterait pratiquement à l'un des articles spéciaux du décret de 1848.

Impossible d'ailleurs de soutenir que si le législateur de 1848 a abrogé la législation précédente, c'est comme dans bien des cas, sans avoir mesuré exactement la portée de l'œuvre qu'il accomplissait; qu'il n'a pas eu en vue, tout en légiférant, les textes dont s'agit; et que si ces textes se trouvent abrogés virtuellement c'est par une simple impossibilité matérielle d'exécution qui disparaissant ultérieurement par le rapport de la loi de 1848, laisserait ces textes revivre dans toute leur force légale première.

Jamais législateur créant une loi nouvelle ne s'est rendu un compte plus exact de l'étendue et de la portée de son œuvre; jamais législateur abrogeant un texte antérieur n'a eu ce texte en vue d'une façon plus nette et plus constante. Et si les auteurs du décret de 1848 n'ont pas inséré dans leur loi une disposition ainsi conçue : « Les articles 291 et 292 du Code pénal et la loi du 10 avril 1834 sont abrogés », disposition parfaitement inutile, disposition qui n'eût constitué qu'un simple *truisme* en présence du reste de la loi, telle que nous l'avons analysée et commentée, ces auteurs du décret ont en revanche exprimé leur inten-

tion au cours de la discussion d'une façon expresse, qui
laisse aussi peu de place à une controverse, à une ambi-
guité d'interprétation quelconque, que s'ils .eussent inséré
en toutes lettres dans le décret la disposition abrogative
que nous venons de formuler.

La Commission chargée d'examiner le projet de loi primitif, n'avait, semble-t-il, voulu imposer d'abord de réglementation qu'aux associations politiques. C'est du moins ce
qui semble résulter des déclarations produites par le rapporteur Coquerel au cours de la discussion qui eut lieu sur
l'article 13 du projet primitif. Mais il fut bien vite démontré à la commission même que son projet destiné à contenir
et surveiller les seules associations politiques, allait frap-
per aussi les associations non politiques. Une série d'a-
mendements furent déposés ; et dans le but même d'éviter
aux associations non politiques le système relativement
étroit imposé aux associations politiques, on finit par les
réglementer aussi.

C'est au cours de ces débats importants que nous relevons cette déclaration du Ministre de l'Intérieur, Sénard :

Le citoyen ministre de l'intérieur. — « Citoyens repré-
« sentants, nous avons lutté pendant de longues années
« contre les interdictions de l'article 291 du Code pénal ;
« nous avons tous, tant que nous sommes, essayé de nous
« soustraire aux interdictions de cet article en constituant
« des cercles de moins de vingt personnes, ou plutôt en
« constituant des cercles d'un nombre plus considérable,
« mais que nous fractionnions, et la loi de 1834 est venue
« plus tard peser sur nous en déjouant les calculs destinés
« à échapper aux prohibitions du Code pénal.

« Mais pourquoi rappeler aujourd'hui toutes ces choses?
« Est-ce que l'honorable membre qui descend de cette tri-
« bune ne se souvient pas que le Code pénal et la loi de
« 1834 interdisaient toute réunion (1) destinée à s'occuper

(1) *Association.*

« des affaires publiques et obligeaient les citoyens à se
« cacher et à s'ingénier pour se soustraire aux regards de
« l'autorité ? *Est-ce donc que l'honorable membre ne re-*
« *marque pas que le décret que nous proposons aujour-*
« *d'hui à l'Assemblée Nationale proclame ce droit de*
« *réunion* (1) *et le droit de libre discussion des affaires*
« *publiques jusque-là refusé et méconnu.* » (Très bien !)

Il faudrait reproduire ici dans leur intégralité les longs
débats insérés au *Moniteur* des 26, 27, 28 et 29 juillet 1848,
où nous pourrions relever quantité de déclarations intéres-
santes au même point de vue. Nous nous contenterons de
rapporter les paroles prononcées par le citoyen Jouin au
début de la séance du 28 juillet ·

« ..... *Si personne ne conteste le droit d'association*
« ..... que veut la majorité de l'Assemblée ou pour mieux
« dire que veut l'Assemblée tout entière? Apparemment
« elle ne veut pas que le droit d'association soit étouffé
« dans les dispositions de la loi; au contraire, *l'Assemblée*
« *veut que le droit demeure consacré,* mais elle veut aussi
« prendre des garanties sérieuses contre l'abus possible
« d'un droit qu'elle reconnaît sacré. »

Nous bornons là nos citations, mais avant d'en finir avec
cet ordre de développements tendant à prouver l'abrogation complète, absolue, de la législation de 1810 et de 1834
par le décret de 1848, il nous est impossible de passer sous
silence l'argument irréfutable qui résulte à ce point de
vue de la rédaction des articles 14 et 19 du décret.

La loi de 1848, nous l'avons dit, réglementait par ses
dispositions générales toutes espèces d'associations, sans
exception. Cependant on voulait soustraire à cette réglementation certaines associations : le projet primitif de la
Commission accordait cette faveur aux comités électoraux
dans son article 16 (devenu l'art. 19 de la loi).

« Des deux articles accessoires (13 et 16), dit le rapport,
« qui terminent le projet de loi, l'un (16) affranchit de ces

.(1) *Association.*

2

« dispositions les assemblées (1) électorales prépara-
« toires... »

A la suite de divers amendements, cette immunité fut
étendue aux associations qui ont le culte pour objet (article 19) (2), et aux « associations industrielles et de bienfaisance. »

Or, de quelle façon le législateur formule-t-il cette concession de la liberté absolue à quelques associations favo-
risées?

Tout simplement en les replaçant dans les termes du
*droit commun* :

ART. 14 (*in fine*). — « ... Les dispositions qui précèdent
« ne sont point applicables aux associations industrielles
« ou de bienfaisance. »

ART. 19. — « Les dispositions du présent décret ne sont
« point applicables aux réunions ayant pour objet exclusif

(1) Il est à peine besoin de faire remarquer une fois de plus qu'il s'agit ici
d'associations : la oi ne réglementant pas de simples réunions « accidentelles », n'avait pas à les excepter de sa réglementation générale.

(2) Sous l'art. 19, le citoyen Durand, de Romorantin, dépose l'amendement suivant :

Amendement : « Les dispositions du présent décret ne sont pas appli-
« cables aux réunions ayant pour objet exclusif l'exercice d'un culte quel-
« conque, aux réunions électorales préparatoires et à toutes autres qui,
« n'étant qu'accidentelles, n'ont pas un caractère de permanence et de
« périodicité. »

LE CITOYEN DURAND, DE ROMORANTIN : « ... Il reste *non pas à réglementer,*
« *mais à sauvegarder des droits précieux, essentiels, et à les mettre dans*
« *l'avenir à l'abri de toute interprétation illibérale des textes.* » Rappelez-
« vous, Messieurs, qu'il y a quelques années le droit d'exercer les cultes
« était non seulement contesté, mais que les citoyens qui exerçaient ce
« droit si légitime étaient l'objet de poursuites et de condamnations...
« Qu'est-ce que la liberté de conscience si on n'a pas le droit... de manifes-
« ter ses croyances religieuses, si ceux-là qui ont les mêmes croyances ne
« peuvent se réunir pour adorer la Divinité selon que leur conscience leur
« inspire de le faire? »

LE CITOYEN BRECHARD. — « Tout cela a été admis par le Gouvernement
« et la commission. »

LE CITOYEN MINISTRE DE L'INTÉRIEUR. — « Nous déclarons accepter l'a-
« mendement comme il est rédigé. »

L'amendement mis aux voix est accepté sauf le membre de phrase « et
à toutes autres qui... » (séance du 28 juillet. *Moniteur* du 29 juillet 1848).

« l'exercice d'un culte quelconque ni aux réunions prépa-
« ratoires électorales » (1).

Que deviennent les articles 291, 292 du Code pénal et la loi
de 1834 en présence de ces dispositions ? Ils sont rentrés
dans le néant. Impossible de parler ici de ce « sommeil »
de la loi inventé par un jurisconsulte plus fleuri qu'exact (2).
Impossible de soutenir que les articles 291 et 292 sont res-
tés embusqués, prêts à reparaître à la première occasion,
dans cette sorte de limbes législatifs imaginés par une cer-
taine école à l'usage exprès des textes abrogés virtuellement.

Le législateur de 1848 a déclaré formellement que son
œuvre ne s'appliquait pas aux quatre genres d'associations
ci-dessus énoncés. Donc si les articles 291 et 292 conser-
vent une force légale quelconque, ils seraient applicables
aux quatre genres d'associations susdites. Il n'en est rien :
ces associations jouissent au contraire d'une liberté sans
limites.

Donc en 1848 nous nous trouvons en présence d'un droit
commun et d'un droit d'exception.

Le droit commun, c'est la liberté, il découle, remarquons-
le bien, non pas de la loi de 1848, mais bien du droit naturel. C'est la logique même des choses : les citoyens d'un
Etat ne peuvent voir restreindre leur droit de s'associer que
par un texte exprès : l'Etat ne peut limiter et réglementer
l'exercice de ce droit que par une loi formelle. Lors donc
que les auteurs du décret de 1848, édictant une réglementation de principe, veulent replacer une association sous le
régime de la liberté, ils déclarent que la loi en question ne
leur sera pas applicable. C'est ce qu'ils ont fait dans les
articles 14 et 19 du décret.

Le droit d'exception, c'est le décret même du 28 juillet
1848, qui réglemente de diverses façons suivant les cas
l'exercice du droit d'association. Chaque fois que le décret

(1) Comités électoraux.
(2) Mr. Mourre, procureur général près la Cour de Cassation.

de 1848 disparaît, devient inapplicable (art. 14 *in fine*
et 19) le droit commun qui lui est antérieur et supérieur re-
paraît : c'est la liberté sans limites.

Si donc le décret de 1848 disparaissait dans son entier, le
droit d'association n'allait plus avoir d'autres limites que
l'observation des lois existantes imposées individuellement
à chaque citoyen membre des associations, à moins que des
textes nouveaux ne vinssent reprendre les restrictions anciennes ou les remplacer par des restrictions nouvelles.

L'application de ces principes, la reconnaissance de
l'abrogation absolue des articles 291, 292 Code pénal et de
la loi du 10 avril 1834, la reconnaissance de la liberté sans
limites concédée à toutes les associations que le décret de
1848 déclarait ne pas viser, tout cela est confirmé par la
pratique constante des pouvoirs publics de 1848 à 1852.

C'est d'abord le ministre de l'Intérieur qui, dans sa solli-
citude spéciale pour les sociétés de secours mutuels, envoie
aux préfets, à la date du 31 août 1848, une circulaire explicative du décret du 28 juillet précédent en ce qui touche ce
point spécial, circulaire où il expose notamment qu'aux
termes de la loi nouvelle, les sociétés de secours mutuels
ne sont plus astreintes à obtenir l'autorisation gouverne-
mentale précédemment exigée par l'article 291 du Code
pénal.

C'est la Cour de Paris (arrêt de la Chambre des mises en
accusation du 26 octobre 1849) approuvée par la Cour suprême (Cassation, 13 décembre 1849) qui applique à la
« Solidarité Républicaine », association politique composée
d'un comité central à Paris, de comités de département,
d'arrondissement et de canton, non pas le Code pénal, non
pas la loi de 1834, mais l'art. 13 du décret du 28 juillet 1848,
mais l'art. 15 relatif aux « *réunions* non publiques ». (Dalloz 49.1.333.)

Quand, en 1849, le Pouvoir, sous la pression des événements, veut réagir et se donner le droit d'interdire les clubs,
il est obligé, à défaut des armes que l'article 292 Code pénal

avait fournies aux gouvernements précédents, de se faire autoriser à cet effet par une loi spéciale et formelle qui fut votée le 22 juin 1849, mais pour une année seulement, et prorogée d'année en année jusqu'en 1852.

Entre temps la constitution du 4 novembre 1848 était venue reconnaître solennellement l'existence du droit d'association :

Art. 8 de la Constitution. — Les citoyeus ont le droit de « s'associer, de s'assembler paisiblement et sans armes...

« L'exercice de ces droits n'a pour limite que les droits ou la liberté d'autrui et la sécurité publique. »

On s'est demandé, en présence de ce dernier alinéa, si la Constitution n'abrogeait pas même les restrictions du décret du 28 juillet 1848, puisque, la liberté d'association existant déjà au moment du vote de la constitution sous réserve de la réglementation du décret de 1848, l'article 8 de la Constitution était parfaitement inutile, s'il entendait maintenir le décret de 1848 ?

La Cour de Cassation s'est décidée pour la négative sur cette question. Elle a considéré que le décret de 1848 ne portait pas atteinte au droit d'association, mais en réglait seulement le mode d'exercice ; que par conséquent il n'y avait pas contradiction entre le dit décret et la constitution (D. 49. 5. 348 .

Enfin le fait de l'abrogation en 1848 des articles 291, 292 du Code pénal et de la loi de 1834 est si peu discutable que les arrêtistes le consignent sans observation dans leurs compilations. (Voir Dalloz ; *Table de vingt-deux années,* V° *Associations illicites,* N°ˢ 1, 2, 3 et 4.)

Arrivés à ce point de notre travail, nous pouvons résumer en quelques mots l'état de la législation à la fin de la période que nous venons de traverser, à la veille des événements de 1852, qui vont inaugurer pour les associations une nouvelle ère de restrictions légales :

– D'une part, nous voyons exister, consacré par la Constitution de 1848, ce que nous appellerons le droit commun en matière d'association : c'est la liberté absolue pour les citoyens de s'associer comme bon leur semble. Ce droit ne résulte pas d'une loi ; nous ne sommes plus au temps où les libertés les plus élémentaires ne pouvaient exister légalement qu'en vertu d'une concession octroyée par la volonté royale : ce droit, c'est le droit naturel, qui peut être réglementé dans son exercice, ou même restreint suivant les exigences de la sécurité publique, mais non créé par la loi.

D'autre part, nous trouvons un droit d'exception (ou si l'on veut une simple réglementation du mode d'exercice du droit d'association) ; ce droit d'exception (ou cette réglementation) résultant du décret du 28 juillet 1848 et de la loi du 22 juin 1849.

Supprimez l'exception, la règle reprend son empire ; supprimez les modes d'exercice du droit d'association imposés par la loi, le droit peut être exercé librement ; supprimez la loi du 28 juillet 1848 et celle du 22 juin 1849, le droit d'association redevient entièrement libre, dans ses manifestations pratiques, comme il l'était déjà dans son principe.

Les textes du Code pénal et de la loi de 1834, disparus depuis quatre années, rentrés par la volonté du législateur de 1848 dans le néant d'où les avait tirés la volonté du législateur de 1810 et de 1834, n'avaient en eux-mêmes, puisqu'ils n'existaient plus, aucun principe propre, qui leur permît de reprendre vie dans le cas où la loi de 1848 serait abrogée. *Ex nihilo nihil*, dit la sagesse de l'Ecole et avec elle le sens commun. Seul un acte de la volonté du législateur pouvait rappeler ces textes morts à la vie et leur infuser une nouvelle force légale ; seul le législateur de 1852 a pu, par une disposition expresse (1), remettre en vigueur les articles 291 et 292 du Code pénal, 1, 2 et 3 de la loi de 1834.

(1) Décret du 25 mars 1852.

Et ici, il importe au plus haut point de ne pas se payer de mots et de donner leur sens exact à ces expressions « remettre en vigueur les articles 291 et 292 du Code pénal », expressions employées à diverses reprises soit par les auteurs mêmes de la législation de 1852 que nous allons voir, soit par les décisions de jurisprudence qui ont appliqué cette législation.

Attachons-nous exclusivement, pour la plus grande clarté du raisonnement, au seul article 291 du Code pénal. Les mêmes déductions s'appliqueront d'ailleurs à l'article 292 et à la loi du 10 avril 1834.

Il y a deux choses dans l'œuvre des auteurs de l'article 291 en 1810 : ils ont commencé par faire œuvre de rédaction purement matérielle ; ils ont rédigé l'article 291, c'est-à-dire qu'ils ont formulé une idée au moyen d'un certain nombre de mots. Puis à cet assemblage de mots et d'idées ils ont donné force de loi. Cette seconde partie de leur œuvre a disparu en 1848. Mais la première, le texte matériel subsistait en tant que formule : rien n'empêchait un législateur nouveau, plagiaire de celui de 1810, de s'approprier les mots et les idées de l'ancien article 291 du Code pénal, soit que ce législateur nouveau fût lui-même à court de mots et d'idées, soit que les mots et les idées de 1810 correspondissent trop bien à ses propres intentions pour qu'il y voulût rien changer ; rien ne l'empêchait de leur infuser une nouvelle force légale.

Maintenant cet assemblage de mots et d'idées avait eu un nom, une étiquette, « *art. 291 du Code pénal* ». Le législateur voulant se référer à la chose, ne le pouvait qu'en rappelant le mot « *art. 291* » et dire : « Je remets en vigueur l'article 291 du Code pénal ».

Mais si les mots, si les idées que contenaient ces mots et le nom ou l'étiquette affecté à cet assemblage de mots et d'idées appartenaient en propre au Conseil d'Etat de 1810, la force légale nouvelle qui était infusée à cet ensemble émanait bien en revanche du Président de la République de 1852, de sorte que si loi il devait y avoir, cette loi était bien une loi de 1852 et non le véritable article 291 du Code pénal.

La volonté du législateur, qui paraît toute-puissante, est cependant limitée par les nécessités de la logique. Le législateur présent peut édicter toutes les mesures qu'il veut, mais seulement en son propre nom : il n'a pas le droit de parler pour le législateur passé, non plus que pour le législateur futur : il a le droit de dire : « Je décrète telle ou telle mesure », mais il n'a pas le droit de dire : « Je décrète que le législateur de 1810 a décrété telle ou telle mesure » non plus que : « Je décrète que le législateur de 1848 n'a pas abrogé l'article 291 du Code pénal. »

Supposons même pour les besoins du raisonnement que par une disposition exorbitante le législateur de 1852 eût rétabli l'article 291 du Code pénal en le faisant rétroagir au 26 février 1810, et en portant que toutes associations formées à partir de cette date sans autorisation du gouvernement seraient punies conformément à l'article 291 Code pénal. Ce n'eût pas été néanmoins l'article 291 du Code pénal de Napoléon Ier que les tribunaux eussent appliqués, mais bien la loi de 1852 et si les dits tribunaux, dans les jugements de condamnation prononcés, eussent dû viser l'article 291 à cause du texte des pénalités que seul il contenait, ils eussent dû encore bien plus viser le texte de 1852 qui seul conférait force légale à ces pénalités.

Mais cette disposition extraordinaire n'existe pas dans le décret de 1852 auquel nous venons de faire allusion ; par conséquent, comme toutes les lois pénales, il n'a pas d'effet rétroactif ; il ne prend date qu'au jour de sa promulgation, au 25 mars 1852, et toutes ses dispositions, toutes les conséquences légales les plus lointaines qui en découleront ne peuvent avoir d'application qu'à partir de cette date. Il est impossible de faire toucher du doigt d'une façon plus précise l'abîme légal qui existe entre l'article 291 qui est mort en 1848 et l'article 291 qui est ressuscité en 1852. Ce sont là deux lois pénales qui n'ont de commun que la rédaction et l'étiquette.

Nous voici amenés tout naturellement à l'analyse et au commentaire du décret du 25 mars 1852, double tâche qui nous sera singulièrement facilitée par les explications précédentes.

Dans quelles circonstances s'est produit ce décret? Nous avons déjà vu qu'à la suite des événements de 1848 une réaction s'était produite, réaction dont la loi du 22 juin 1849 sur l'interdiction des clubs avait été l'un des symptômes. Cette réaction suivit son cours et trouva son point culminant en 1852. C'est dans ces conditions que fut rendu le décret que nous étudions ici :

Le préambule du décret commence par déplorer les désordres qui se sont produits sous l'empire d'une législation insuffisante en matière d'association et de réunion et pose en principe le devoir du gouvernement d'y porter remède.

« Louis Napoléon, président, etc...

« Sur le rapport du ministre de la police générale ;

« Considérant que *le droit d'association et de réunion*
« *doit être réglementé* de manière à empêcher le retour de
« désordres qui se sont produits sous l'empire d'une légis-
« lation insuffisante pour les prévenir ;

« Qu'il est du devoir du gouvernement d'apprécier et de
« prendre les mesures nécessaires pour qu'il puisse
« exercer sur toutes les réunions publiques une surveil-
« lance qui est la sauvegarde de l'ordre et de la sûreté de
« l'Etat ;

« Considérant que la loi du 22 juin 1849, suspensive du
« décret du 28 juillet 1848, ayant déjà reconnu le danger
« des *clubs*, avait décidé qu'un projet de loi serait présenté
« à l'assemblée pour interdire les clubs et régler l'exercice
« du droit de réunion. »

Suivent les deux articles du décret, portant abrogation de la loi de 1848 sur les clubs et rétablissement des articles 291 et 292 Code pénal et 1, 2, 3 de la loi de 1834 :

Art. 1. — « Le décret du 28 juillet 1848, sur les clubs,
« est abrogé, à l'exception toutefois de l'article 13 de ce
« décret qui interdit les sociétés secrètes. »

Art. 2. — « Les articles 291, 292 et 294 Code pénal, et
« les articles 1, 2 et 3 de la loi du 10 avril 1834, seront
« applicables aux réunions publiques, *de quelque nature*
« *qu'elles soient.* »

Il est à peine besoin d'observer pour la saine intelligence
de ce texte, que le décret du 25 mars 1852, étant destiné à
abroger le décret du 28 juillet 1848 sur les clubs, cercles
ou *réunions,* et à remettre en vigueur les articles 291 et
292 Code pénal relatifs aux associations ou *réunions* illicites, prend forcément le mot de *réunion* dans le même
sens que ces deux législations, c'est-à-dire dans le sens
*d'associations*, ou plutôt dans un sens large qui comprend
à la fois les sens des deux mots association et réunion tels
que nous les définissons aujourd'hui.

Ceci posé, quel est le sens et la portée exacte de l'article 2
du décret de 1852 ? Ce sens est très simple. Le législateur
se trouvant présence d'un texte abrogé (1) le remet en
vigueur et lui donne une nouvelle extension en le *déclarant
applicable...* à quoi ? Aux *réunions* ; non pas seulement aux
réunions visées par le Code pénal et la loi de 1848, c'est-à-
dire aux *réunions* permanentes, c'est-à-dire aux associations, mais aux *réunions de quelque nature qu'elles soient,*
c'est-à-dire, d'une part, aux *réunions* permanentes ou associations, d'autre part aux réunions fortuites, accidentelles.

L'objet du décret de 1852 est donc triple :

1° Il abroge le décret de 1848. S'il s'était arrêté là, nous
avons démontré suffisamment ci-dessus qu'il aurait affranchi
les associations de toute réglementation.

2° Il remet *en vigueur* les articles 291 et suivants du Code
pénal et les articles 1, 2 et 3 de la loi du 10 avril 1834. Nous

---

(1) Lui-même l'a déclaré, puisque dans une circulaire explicative il a
déclaré avoir remis ce texte en vigueur. Voir *infra* circ. du 28 octobre 1852.

avons vu plus haut quel est le sens et la portée exacte de ces expressions.

3° Il étend les prohibitions et pénalités du Code pénal et de la loi de 1834 aux simples réunions fortuites et accidentelles.

Il n'est pas inutile de faire allusion ici-même à une interprétation bizarre qui devait être donnée plus tard de ce décret : c'était au Sénat, en 1881, au cours de la discussion de la loi sur la liberté de réunion; l'interprétation sus-dite figure même au *Journal Officiel*, insérée dans le rapport de la commission du Sénat : d'après le rapporteur de cette commission, M. Demôle, le décret du 25 mars 1852 *ne contiendrait aucune disposition étrangère au droit de réunion* (accidentelle). S'il en était ainsi, l'auteur du décret aurait fait preuve de peu de suite dans les idées, annonçant dans le préambule qu'il va réformer la législation existante sur les associations, législation qu'il trouve insuffisante, et oubliant ensuite, dans les deux articles qui forment le dispositif, de réaliser son intention. S'il en était ainsi, grande aurait été aussi l'erreur des tribunaux qui, depuis le décret de 1852, ont appliqué de nouveau les pénalités de la loi de 1834 *contre les associations*, pénalités qu'ils considèrent comme rétablies par ce décret. On se demande aussi quel serait, s'il en était ainsi, le sens des mots qui terminent l'article 2 : *réunions... de quelque nature qu'elles soient*, mots qui deviendraient, en ce cas, non seulement inutiles, mais inintelligibles.

Nous aurons l'occasion de revenir sur cette singulière erreur d'interprétation.

En tout cas, personne n'eut idée semblable en 1852 ou même après.

Si nous nous en référons au commentaire de la loi par son inspirateur, sinon son véritable auteur, le ministre de la police générale, *sur le rapport* duquel la mesure fut prise, comme le décret même le porte, nous trouvons une

circulaire dé ce haut fonctionnaire en date du 28 octobre 1852,
où nous relevons le passage suivant :

« Monsieur le Préfet,

« … Le décret du 25 mars dernier a remis en vigueur les
« articles 291 et 292 C. pén. et la loi du 10 avril 1834 sans
« qu'il eût été apporté aucune exception au profit des
« sociétés de secours mutuels. Désormais donc ces sociétés
« ne peuvent, comme toutes les autres associations, se
« fonder sans une autorisation préalable. »

Un arrêt de Cassation du 4 février 1865 (D. 65, 1, 89)
déclare de même que le décret de 1852 a rendu leur *force
obligatoire* aux articles 291 et suivants du Code pénal et à
la loi de 1834. Toutefois les expressions de cet arrêt prêtent
le flanc à une autre critique ; elles semblent impliquer par
leur rédaction même que c'est le seul fait par le législateur
de 1852 d'avoir abrogé le décret de 1848 qui a fait revivre les
textes antérieurs. Ce serait donc la disparition même de la
loi abrogative qui ferait revivre les textes abrogés ; il y a
là une théorie qui n'a jamais été formulée ni même expressément approuvée par aucun monument de jurisprudence,
par le très bon motif qu'il suffit de la formuler pour en faire
apparaître l'inanité ; nous en avons déjà fait justice au cours
de cette étude : nous avons démontré que remettre une
loi en vigueur, c'est faire une création nouvelle. Or, on ne
crée pas une loi, ni surtout une loi pénale, par voie de
prétérition, sans s'en douter. Nous n'insistons pas sur les
conséquences inattendues qui résulteraient rigoureusement
de cette théorie : il arriverait notamment parfois qu'un
législateur, croyant supprimer une pénalité légère en abrogeant la loi qui l'édicte, se trouverait en ressuciter une autre
beaucoup plus grave résultant d'une loi antérieure qui
n'existait plus et dont l'existence pouvait même être ou-
bliée.

La vérité, c'est que le législateur de 1852 a remis en
vigueur les articles 291, 292, C. pén. et la loi de 1834, parce

que telle a été son intention bien ferme, intention exprimée d'une façon non équivoque par l'article 2 du décret
du 25 mars.

Nous entrons ainsi dans une période nouvelle qui part de
l'année 1852 et, sans nous arrêter à la loi du 5 juin 1868 (1),
relative au seul droit de réunion (dans le sens actuel du
mot), comme le dit M. Demôle, exact cette fois-ci, nous
arrivons jusqu'en 1881, à la loi dernière sur la liberté de
réunion.

La loi du 30 juin 1881 en son article 12 abroge formellement le décret du 25 mars 1852 et avec lui toute la législation répressive des associations, dont ce décret était désormais la seule source légale, à l'exception de l'article 13 du
décret du 28 juillet 1848, article qui a toujours été maintenu
expressément au milieu de ces fluctuations législatives.

L'histoire de cet article 12 est assez curieuse à relater
au point de vue spécial qui nous occupe. Les premières
propositions de loi qui furent le point de départ du projet
élaboré et voté en 1881 statuaient tant sur le droit d'association que sur le droit de réunion. Mais un courant d'esprit très fort régnait alors dans les Chambres, qui s'opposa
à l'adoption de ces propositions. Epris de liberté, mais plus
encore de symétrie, le législateur de 1881 rêvait d'élever à
l'entrée de l'édifice républicain, qu'ils entendaient élever,
deux lois parallèles : d'un côté, la loi sur la liberté de
réunion, de l'autre la loi sur la liberté d'association. Nous
n'oserions pas affirmer non plus que quelques membres de
la majorité ne rêvassent pas de trouver un criterium qui
leur permît de voter la liberté pour les associations qui leur
étaient agréables, tout en la refusant à d'autres qui l'étaient
moins. Toujours est-il qu'on commença par les réunions et
qu'en vertu du principe de symétrie auquel on s'attachait,

(1) Noter toutefois que c'est depuis cette loi que le mot *réunion* prend
définitivement le sens de réunion temporaire, accidentelle qu'il a conservé
depuis.

on pourchassa dans le projet, avec une minutie qui avait quelque chose d'enfantin, toutes les dispositions qui pouvait avoir trait de près ou de loin au droit d'association.

Il était facile de prévoir que cette savante ordonnance ne durerait pas l'espace d'une discussion parlementaire : et en effet, à deux reprises différentes, cela est indubitable, à trois reprises même, nous allons le démontrer, la loi a touché à la matière des associations :

Dans son article 7 la loi de 1881 s'occupe des clubs, dans son article 12 elle traite des sociétés secrètes.

L'article 7 déclare que les clubs « demeurent interdits », (Il est bon de remarquer que les clubs n'ont jamais été interdits, mais que sous la législation la plus restrictive, le gouvernement a eu seulement la faculté d'interdire ces associations).

L'article 12 de la loi de 1881 déclare que le décret de 1848 demeure abrogé, ce qui était parfaitement inutile à dire en présence de l'article 1er du décret du 25 mars 1852. D'autre part, la loi de 1881, voulant néanmoins conserver l'article 13 du décret de 1848, relatif aux sociétés secrètes, est obligée de le déclarer formellement maintenu, nouvelle brèche au principe en vertu duquel on ne devait pas s'occuper des associations.

Enfin l'article 12 (nous l'avons déjà dit), abroge formellement le décret du 25 mars 1852 dans son intégralité, sans distinction aucune : telle n'était pas la rédaction primitive du projet sorti des délibération de la Chambre des Députés; l'article voté par les députés portait :

« Le décret du 28 juillet 1848, le décret du 25 mars
« 1852, la loi des 6-10 juin 1868 sont abrogés *dans toutes*
« *celles de leurs dispositions qui concernent le droit de*
« *réunion*, notamment dans le paragraphe 2 de l'article 1er
« de la loi des 6-10 juin 1868 et dans le paragraphe 1 de
« l'art. 3 de la même loi. »

La commission du Sénat crut devoir modifier cette rédaction par les motifs suivants : « Le décret du 25 mars 1852

« et la loi des 6 et 10 juin 1868 ne contiennent aucune dis-
« position étrangère au droit de réunion ; il nous a donc
« semblé inutile de limiter cette abrogation, comme l'a fait
« la Chambre *aux dispositions concernant le droit de*
« *réunion.* Il nous a paru également préférable de ne
« pas mentionner certaines dispositions comme plus spé-
« cialement abrogées. On pourrait induire de cette mention
« que les dispositions non visées seraient moins abrogées
« que les autres. La formule d'abrogation générale est à la
« fois plus simple et plus précise. »

Résumons cet important passage du rapport sénatorial,
et concluons : il est évident que la commission s'est
méprise étrangement sur la portée et le sens du décret de
1852 ; mais de cette méprise sont résulté les conséquences
suivantes qui, elles, ne font aucun doute :

D'abord les sénateurs n'ont pu faire dans leur texte
abrogatif du décret de 1852 une distinction tenant à maintenir des dispositions légales de l'existence desquelles ils
ne se doutaient pas (les dispositions relatives aux associations).

Ensuite les expressions mêmes du rapport sénatorial
coupent court à la controverse, car :

1° L'abrogation « *n'est pas* limitée aux dispositions
« concernant le droit de réunion ».

2° Il n'y a pas de dispositions du décret qui soient
« moins abrogées que les autres ».

3° La « formule d'abrogation » est « générale ».

Au surplus la liberté des associations doit encore s'induire *a contrario* du texte même de l'article 7 de la loi, aux
termes duquel les clubs demeurent interdits. Donc les
autres associations ne demeurent pas interdites.

Conclusion : le décret du 25 mars 1852 est abrogé avec
toutes ses conséquences ; par conséquent la législation
pénale, par lui remise en vigueur, tombe avec lui.

Il n'y a pas de pénalité sans texte : sont-ce les textes de

1810 et de 1834 que vous voulez appliquer? Ces lois ont été abrogées en 1848.

Voulez-vous au contraire appliquer le décret du 25 mars 1852 avec ses conséquences pénales? Le tout a été abrogé en 1881.

De toute la législation dirigée contre les associations il ne reste que deux textes debout :

C'est l'article 13 du décret du 28 juillet 1848, interdisant les sociétés secrètes.

C'est l'article 7 de la loi du 30 juin 1881, en vertu duquel les clubs demeurent interdits.

Hors de là les associations sont libres, leurs membres ne peuvent être poursuivis en raison de leur seule qualité de membres d'une association, mais seulement en raison des délits qu'ils pourraient commettre individuellement. Il y a d'ailleurs pour tous les esprits libéraux, dans cette application du droit commun aux membres des associations, la garantie suffisante et seule nécessaire du maintien de l'ordre social.

# APPENDICES

## I

**D. 1848. 4. 131. Associations et réunions. Loi du 28 juillet, 2 août 1848. Décret sur les clubs. (Bull. N° 601.)**

L'Assemblée nationale a adopté le Décret dont la teneur suit :

A. — ARTICLE PREMIER. — *Les citoyens ont le droit de se réunir en se conformant aux dispositions suivantes :*

ARTICLE 2. — L'ouverture de tout club ou réunions de citoyens sera précédée d'une déclaration faite par les *fondateurs*, à Paris, à la préfecture de police, et dans les départements, au maire de la commune et au préfet, cette déclaration aura lieu 48 heures au moins avant l'ouverture de la réunion. Elle indiquera les noms, qualités et domiciles des fondateurs, le local, *les jours et heures des séances.* Il sera immédiatement donné acte de la déclaration.

Aucun club ne pourra prendre une dénomination autre que celle du lieu de ses séances.

Les édifices publics ou communaux ne pourront être affectés même *temporairement à ces réunions.*

ARTICLE 3. — Les clubs seront publics et ne pourront, dans aucun cas, ni restreindre la publicité, par aucuns moyens directs ou indirects, ni se constituer en comité secret.

Pour assurer cette publicité un quart au moins des places sera réservé aux citoyens étrangers aux clubs.

Les femmes et les mineurs ne pourront *être membres d'un Club ni y assister.*

Les séances des Clubs ne pourront se prolonger au delà de l'heure fixée par l'autorité pour la fermeture des lieux publics.

ARTICLE 4. — L'autorité qui aura reçu la déclaration pourra toujours déléguer, pour assister aux séances des clubs, un fonctionnaire de l'ordre administratif ou judiciaire.

Ce fonctionnaire y prendra une place spéciale à son choix, et devra être revêtu de ses insignes.

Article 5. — Un procès-verbal sera dressé et signé à la fin de chaque séance par tous les membres du bureau ; il contiendra : 1° les noms des membres qui auront fait partie du bureau ; 2° le résumé exact de tout ce qui se sera passé à la séance. Il sera représenté à toute réquisition de l'autorité publique.

Le fonctionnaire présent à la séance pourra requérir l'insertion au procès-verbal de toutes les constatations qu'il jugera nécessaires, sans préjudice du droit qu'il lui appartient de dresser procès-verbal de toute contravention à la loi.

Article 6. — Les membres du bureau ne peuvent tolérer la discussion d'aucune proposition contraire à l'ordre public et aux bonnes mœurs ou tendant à provoquer à un acte déclaré crime ou délit par la loi, ni des dénonciations contre les personnes ou attaques individuelles.

Les discours, cris ou menaces proférés dans un club sont considérés comme proférés dans un lieu public, et demeurent soumis à la même responsabilité.

Il en sera de même de tous imprimés ou emblèmes distribués à l'intérieur du club.

Article 7. — Sont interdits : les rapports, adresses et toutes autres communications de club à club, les députations ou délégations de 'commissaires faites par un club, quel que soit l'objet de la mission des députés ou délégués.

Sont également interdits : toutes affiliations entre clubs, *tous signes extérieurs d'association* et toutes affiches, proclamations et pétitions collectives de clubs.

Il est interdit à tous clubs ou réunions de prendre des résolutions dans la forme de lois, décrets, arrêtés, ordonnances, jugements ou autres actes de l'autorité publique.

Article 8. — Quiconque se présentera dans un club avec des armes apparentes ou cachées sera puni d'un emprisonnement de trois mois à six mois et de la privation des droits civiques pendant trois ans au moins et dix ans au plus.

Seront punis de la même peine : 1° les membres du bureau qui auront provoqué le fait, ou qui, en étant informés. ne l'auront pas empêché, en ordonnant l'expulsion immédiate des individus armés; 2° tous ceux qui, par des discours proférés publiquement ou par des écrits affichés ou publiés, auront provoqué les citoyens à se rendre en armes au club, ou à s'armer au dehors.

ARTICLE 9. — Toute contravention aux articles 2, 3, 4 et 5 sera punie d'une amende de 100 à 500 francs, et s'il y a lieu, de la privation en tout ou en partie, pendant un an au moins et trois ans au plus, de l'exercice des droits civiques mentionnés dans l'article 42 du Code pénal. Ces peines seront prononcées contre les président, secrétaires et autres membres du bureau qui auront assisté aux séances, sans que les règles prescrites par les articles précités aient été observées.

ARTICLE 10. — Toute contravention aux dispositions des articles 6 et 7 sera punie d'une amende de 100 à 500 francs et suivant les cas d'un emprisonnement de quinze jours à trois mois et de la privation des droits civiques de un an à cinq ans.

Ces peines seront prononcées contre les président, secrétaires et autres membres du bureau qui auront autorisé les contraventions prévues par ces articles et en outre contre les membres qui auront pris une part active à ces contraventions.

ARTICLE 11. — Le Tribunal, en prononçant les peines édictées par les trois articles qui précèdent, pourra, en outre, selon la gravité des circonstances, ordonner la fermeture des clubs.

Dans les cas de délits ou contraventions constatés par un procès-verbal et ayant donné lieu à un réquisitoire à fin de poursuites, la chambre du conseil pourra, sur une ordonnance spéciale rendue sur les réquisitions du ministère public et le rapport du juge d'instruction, ordonner la fermeture immédiate et provisoire du club ou de la réunion jusqu'au jugement définitif des délits ou contraventions.

Cette ordonnance ne sera sujette à aucun recours.

ARTICLE 12. — En cas de réunion d'un club après la dissolution ou suspension prononcée, la peine contre les contrevenants sera de six mois à un an d'emprisonnement et de la privation des droits civiques de cinq à dix ans.

B. — ARTICLE 13. — *Les sociétés secrètes sont interdites.* Ceux qui seront convaincus d'avoir fait partie d'une société secrète seront punis d'une amende de 100 à 500 francs, d'un emprisonnement de six mois à deux ans, et de la privation des droits civiques de un an à cinq ans.

Les condamnations pourront être portées au double contre les chefs ou fondateurs des dites sociétés.

Ces peines seront prononcées sans préjudice de celles qui pourront encore être encourues pour crimes ou délits prévus par les lois.

C. — ARTICLE 14. — Les citoyens peuvent fonder dans un but non politique *des cercles ou réunions non publiques*, en faisant préalablement connaître à l'autorité municipale le local et *l'objet de la réunion* et les noms des *fondateurs, administrateurs et directeurs*.

A défaut de déclaration, ou en cas de fausse déclaration, la réunion sera fermée immédiatement, et ses membres pourront être poursuivis comme ayant fait partie d'une *société secrète*.

Les dispositions qui précèdent ne sont point applicables *aux Associations industrielles ou de bienfaisance*.

D. — ARTICLE 15. — Les réunions non publiques dont le but sera politique ne pourront se former qu'avec la permission de l'autorité municipale et aux conditions qu'elle déterminera, sauf recours en cas de refus à l'autorité supérieure.

L'administration pourra toujours révoquer les autorisations accordées et faire fermer les réunions qui n'en seraient pas pourvues.

En cas de contravention les membres chefs et fondateurs seront punis des peines prononcées par l'article 13.

ARTICLE 16. — Les infractions aux formalités prescrites par le présent décret pour l'ouverture des clubs et la tenue de leurs séances seront déférées aux tribunaux de police correctionnelle.

Toutes les autres infractions seront soumises au jugement du jury.

ARTICLE 17. — En cas de conviction de plusieurs crimes ou délits commis dans les réunions publiques ou non publiques, la peine la plus forte sera seule appliquée aux faits antérieurs à la poursuite.

ARTICLE 18. — L'article 463 du Code pénal pourra être appliqué à toutes les infractions prévues par le présent décret.

Lorsque les circonstances atténuantes seront admises, la Cour ou le tribunal appliquera l'article 401 du Code pénal. Néanmoins, la durée de l'emprisonnement pourra être réduite au minimum fixé par la présente loi.

La liberté provisoire pourra dans tous les cas être accordée avec ou sans caution.

ARTICLE 19. — Les dispositions du présent décret ne sont pas applicables aux réunions ayant pour objet exclusif l'exercice d'un culte quelconque, ni aux réunions électorales préparatoires.


## II

### Synonymie des termes association et réunion dans le décret du 28 juillet 1848.

Nous lisons dans le rapport du représentant Coquerel (qu'il faudrait revoir en entier à ce point de vue) le passage suivant, prouvant bien l'identité complète qui existait dans l'esprit de l'honorable rapporteur entre le sens des deux mots réunion et association.

« Si dans la capitale, sous vos yeux, à votre porte, pour
« ainsi dire, s'organisent de vastes et énergiques *réunions* où
« les passions, les utopies, les mécontentements et peut-être
« les regrets se donneront rerdez-vous... si des *associations* se
« créant en France à leur image, forment partout des sociétés
« qui leur feront écho dès que le mot d'ordre sera donné,
« qu'arriverait-il? (*Moniteur* du 25 juillet 1848, p. 1751).

Dans la discussion de la loi (*Moniteur* des 27, 28, 29 juillet) nous retrouverons à chaque pas la même confusion des deux mots pris constamment l'un pour l'autre. C'est dans la discussion de l'article 13 notamment que nous trouvons cette déclaration catégorique de la commission, déclaration qui coupe court à toute controverse sur ce point:

« Il nous a semblé que l'économie entière de la loi repo-
« sait sur une distinction exacte de trois sortes de *sociétés*
« qu'il s'agit de réglementer, — en premier lieu les clubs ou

« réunions publiques ou politiques... — en second lieu les
« réunions non politiques et non publiques — et en troisième
« lieu les sociétés secrètes.

« ...Quant aux réunions non politiques, et non publiques,
« nous avons pensé que... il fallait leur imposer des lois et des
« réglements qui pussent offrir une garantie suffisante dans
« l'intérêt de l'ordre et de la paix. » (*Moniteur* du 26 juillet
1848).

A citer encore à ce point de vue spécial, entre cent
autres exemples de la même assimilation, les déclarations
d'Arnaud, de l'Ariège (*Moniteur* du 28 juillet) : « Je comprend
deux genres d'associations, l'*association* privée et l'*association*
publique... Eh bien ! citoyens, à l'égard des *réunions* privées,
je me figurais que, le lendemain de' la Révolution de février,
de cette Révolution qui semblait donner satisfaction à ce
grand principe de l'*association* qui a été proclamé au commencement de ce siècle... »

A relever encore la déclaration de Jules Favre (p, 1785 du
*Moniteur*) qui, lui, a voulu faire la distinction que nous fai-
sons aujourd'hui entre l'association et la réunion, et qui n'a
pas vu sa réclamation accueillie : « Une corporation particu-
« lière, disait l'éminent orateur, celle des typographes, a une
« *association* qui s'occupe non seulement de secourir les ou-
« vriers qui sont dans la gêne, qui manquent d'ouvrage, mais
« encore de fournir à tous l'enseignement élémentaire pour
« les meilleurs procédés de travail...

« Eh bien, je vous le demande l'association des typographes
« dont je parle, est-elle un cercle? Est-elle une réunion non
« publique? »

Plusieurs membres. — « Oui, c'est une réunion non publique! »

Et le représentant Dupin (de la Nièvre), montant à la tri-
bune, justifie longuement l'application du terme réunion aux
sociétés « du genre de celles dont l'honorable membre a
parlé » ,.et il termine en ces termes : « Elles sont donc com-
prises sous le mot de *réunion* employé par l'article 24. » (*Moniteur* du 28 juillet.)

Le texte de la loi est à relire en son entier à ce même point
de vue : néanmoins nulle part l'assimilation des deux termes

*réunion* et *association* n'apparaît plus clairement que dans l'ar-
« ticle 14 : « Les citoyens peuvent *fonder* dans un but non
« politique des cercles ou *réunions* non publiques, en faisant
« préalablement connaître à l'autorité municipale le local et
« l'objet de la *réunion,* et les noms des *fondateurs, administra-*
« *teurs* et *directeurs.*

« A défaut de déclaration ou en cas de fausse déclaration
« la *réunion sera fermée et ses membres pourront être poursuivis*
« *comme ayant fait partie d'une société secrète.*

« Les dispositions précédentes *ne sont point applicables aux*
« *associations industrielles ou de bienfaisance.* »

Cette interprétation a été confirmée expressément d'ailleurs
par la Cour de Cassation en 1849 (affaire de l'Association la
« Solidarité Républicaine » D. 1849. 1. 333.